Ruedas salvajes

Los stock cars

BARBARA LOWELL

BLACK RABBIT BOOKS

Bolt es una publicación de Black Rabbit Books
P.O. Box 227, Mankato, Minnesota, 56002
www.blackrabbitbooks.com

Michael Sellner, diseñador del interior
y investigación fotográfica

Información del catálogo de publicaciones de la biblioteca del congreso
Names: Lowell, Barbara, author.
Title: Los stock cars / by Barbara Lowell.
Other titles: Stock cars. Spanish
Description: Mankato, Minnesota: Black Rabbit Books, [2024] | Series: Ruedas salvajes | Includes index. | Audience: Ages 8-12 | Audience: Grades 4-6 | Summary: "Take a look at a stock car's unique features, exterior design, and what's under the hood. Translated into North American Spanish"—Provided by publisher.
Identifiers: LCCN 2022048016 (print) | LCCN 2022048017 (ebook) | ISBN 9781623108496 (library binding) | ISBN 9781623108755 (ebook)
Subjects: LCSH: Stock cars (Automobiles)—Juvenile literature. | Stock car racing—Juvenile literature. | CYAC: Stock cars (Automobiles) | Stock car racing.
Classification: LCC TL236.28 .L6918 2024 (print) | LCC TL236.28 (ebook) | DDC 629.228/5—dc23/eng/20221024
LC record available at https://lccn.loc.gov/2022048016
LC ebook record available at https://lccn.loc.gov/2022048017

Impreso en China

Image Credits

Alamy: Cal Sport Media cover; AP Images: David J. Griffin/ Icon Sportswire 9, 31, Kevin Abele/ Icon Sportswire 9, Logan Whitton/NKP 18, Michael Allio/Icon Sportswire 9, Russell LaBounty/NKP 12, Stephen A Arce 12; Dreamstime: Randomshots 26, Walter Arce 10–11, 12, 32; Getty: Chris Graythen 22, Icon Sportswire 6, 16–17, 28–29, Jared C. Tilton/Stringer 22–23, Mike Ehrmann 26, nycshooter 25, Robert Laberge 5; iStock: nycshooter 20–21; Shutterstock: abrakadabra 10, 27, Ecelop 6, foxaon1987 3, Grindstone Media Group 12, taro911 photographer 1, veronchick_84 10; Wikimedia Commons: Eglin Air Force Base 15; YouTube: Joe Gibbs Racing 15

Contenido

CAPÍTULO 1

Correr para ganar

Es la última vuelta de las 500 Millas de Daytona. Los dos primeros los **stock** cars corren a pulgadas de distancia. **Reducen la marcha** hacia la última curva. El conductor que va en segundo lugar pulsa el botón de radio del volante. Habla con su equipo. El observador le dice lo que está sucediendo en la pista. Es el momento de usar su jugada.

LOGANO
AutoZone
SKF
Shell
PENNZOIL
AUSTINDILLON3
REALTREE
DOW
3M
FLOWMASTER
AAA
AMERICAN ETHANOL

Banderas de NASCAR

VERDE
INICIO DE CARRERA

AMARILLO
LOS AUTOS REDUCEN LA VELOCIDAD

ROJO
SE DETIENE LA CARRERA

BLANCO
ÚLTIMA VUELTA

NEGRO
EL CONDUCTOR ROMPE LAS REGLAS

A CUADROS
INDICA EL GANADOR

A la línea de meta

El segundo auto se mueve para pasar al puntero. Avanza hasta el primer puesto. A 200 millas (322 kilómetros) por hora, el stock car acelera por la recta. Cruza la línea de meta y alguien ondea la bandera a cuadros.

¡Ganador!

CAPÍTULO 2

Construidos para correr

Los stock cars solo se *parecen* a los autos convencionales. De hecho, están construidos **a medida** para la velocidad. Los stock cars compiten en circuitos de todo el mundo. La Asociación Nacional de Carreras de Stock Cars se conoce como NASCAR. Supervisa las carreras de autos de stock cars países. La NASCAR organiza las carreras de stock cars más populares de Estados Unidos. Se llaman las Series de la Copa NASCAR.

Los stock cars de la Copa NASCAR

Chevy Camaro ZL1

Ford Mustang

Toyota Camry TRD

Serie de la Copa Nascar en números

212,8 MILLAS
(342 km)
POR HORA
récord de velocidad máxima

1 SEGUNDO

TIEMPO QUE LLEVA RECORRER EL LARGO DE UNA CANCHA DE FÚTBOL A MÁXIMA VELOCIDAD

3.300 libras
(1.497 kilogramos)
peso del automóvil

más de 130 grados Fahrenheit (54 grados Celsius)
temperatura de la cabina durante la carrera

670
CABALLOS DE FUERZA DE LOS MOTORES

PISTA CORTA

menos de 1 milla
(1,6 km) de largo

Autódromo de Martinsville

(pista más corta de la NASCAR)

SPEEDWAY

alrededor de 1 milla
(1,6 km) de largo

Autódromo de Phoenix

SUPERSPEEDWAY

2,5 millas
(4 km) o más

Autódromo Internacional de Daytona

CIRCUITO DE CARRERAS

giros a la izquierda
y a la derecha,
1,9 a 4 millas
(3–6,4 km) de largo

Road America

(pista más larga de la NASCAR)

Carreras de la NASCAR

Los conductores de la Serie de la Copa NASCAR pertenecen a un equipo de carreras. Cada equipo puede competir con hasta cuatro automóviles a la vez. Los conductores recorren pistas ovaladas o circuitos serpenteantes. En 2022, la NASCAR rediseñó sus stock cars. Ahora tienen ruedas y llantas más grandes. Los nuevos autos Next Gen son más fuertes y más **aerodinámicos**.

CUATRO TIPOS DE

PISTAS DE LA NASCAR

CAPÍTULO 3

Piezas de un los stock cars

Los paneles de plástico se encastran para formar la carrocería del automóvil. Las **fibras de carbono** los hacen resistentes. Muchos equipos pintan sus automóviles y añaden calcomanías. Otros equipos revisten sus automóviles con una lámina de vinilo. Se extiende sobre la carrocería del automóvil. Los colores y las calcomanías están impresos. Los faros y las luces traseras parecen reales. Pero también son calcomanías.

Los parabrisas son de plástico irrompible, como los de los aviones de combate.

LOS STOCK CARS NEXT GEN

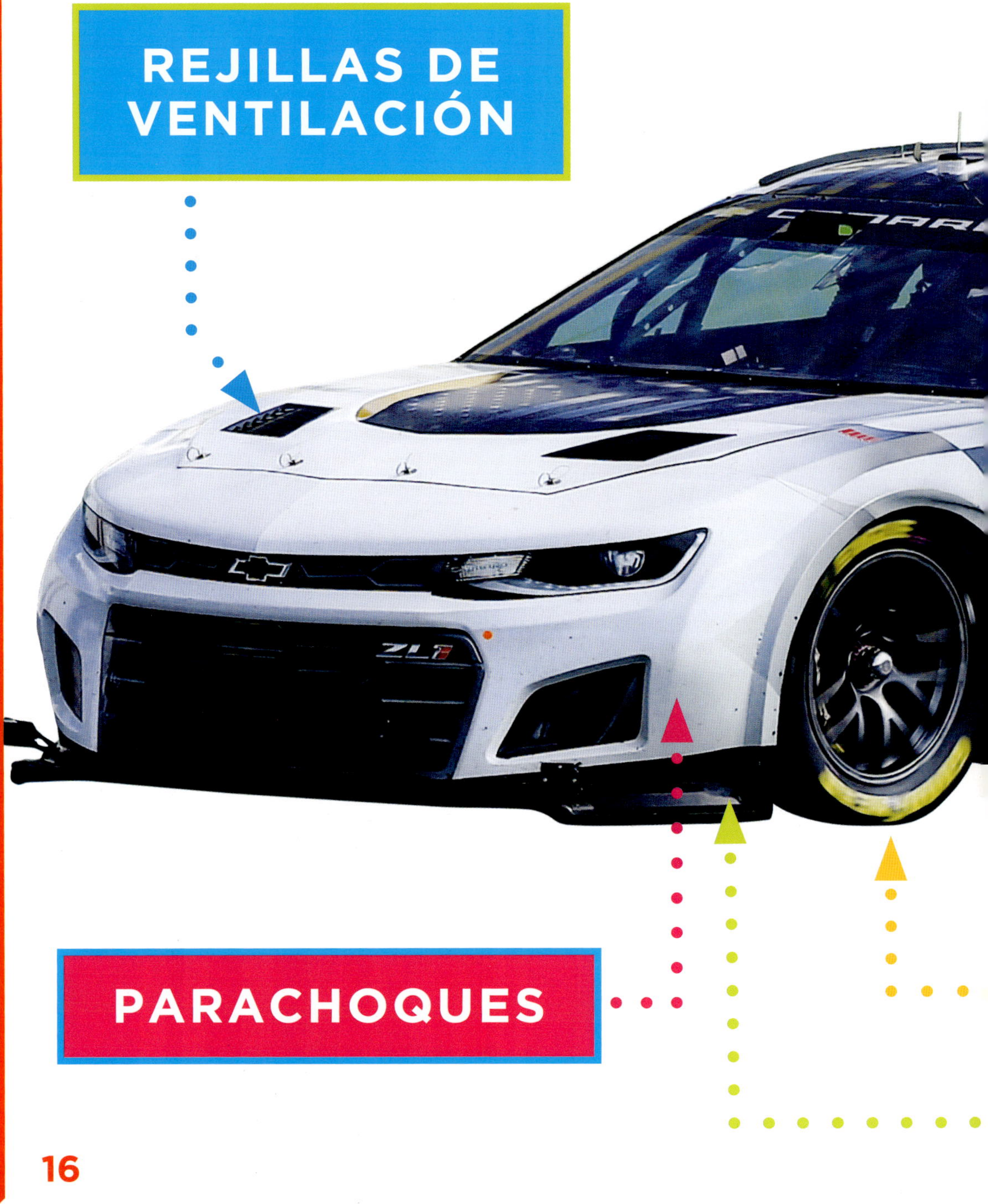

CARROCERÍA DE FIBRA DE CARBONO

ÚNICA TUERCA DE LLANTA

RUEDAS DE 18 PULGADAS

DEFLECTOR DELANTERO

Los stock cars no tienen aire acondicionado. Se bombea aire frío al casco del conductor. Las rejillas de ventilación dejan entrar aire del exterior. El conductor se sienta en una almohadilla de refrigeración. Por el traje del conductor fluye agua o gel. Los conductores también beben agua. Un tubo de agua está conectado al casco.

La cabina

Los conductores tienen una palanca de cambios de cinco velocidades. Es fácil de usar. La empujan hacia adelante para reducir la marcha. La tiran hacia atrás para subir una marcha. El cambio de marchas hace que el automóvil funcione al máximo rendimiento.

Un tablero digital muestra al conductor información sobre la carrera. En lugar de un espejo retrovisor, hay una pantalla. Muestra lo que hay detrás del automóvil.

Accesorios de seguridad

Un arnés fuerte mantiene al conductor en su lugar. Una red en la ventana mantiene al conductor seguro dentro del automóvil. También bloquea la entrada de objetos. El automóvil tiene una jaula antivuelco resistente. Protege al conductor en caso de accidente. Los bloques de espuma absorben los golpes por delante, por detrás y por los lados. Una escotilla en el techo permite al conductor escapar en caso de emergencia.

Equipo de seguridad

casco integral
dispositivo de soporte de cabeza y cuello
guantes antiflama

Motores poderosos

Muchos los stock cars tienen motores V-8. Los motores de la NASCAR funcionan a altas velocidades durante muchas horas. Se reconstruyen después de cada carrera. En los circuitos de Daytona y Talladega, los equipos reducen la velocidad del automóvil por seguridad. Se añade un espaciador cónico para limitar el flujo de aire al motor. Esto reduce la potencia.

Los motores de la NASCAR funcionan con gasolina de carreras de alto octanaje con 15% de etanol.

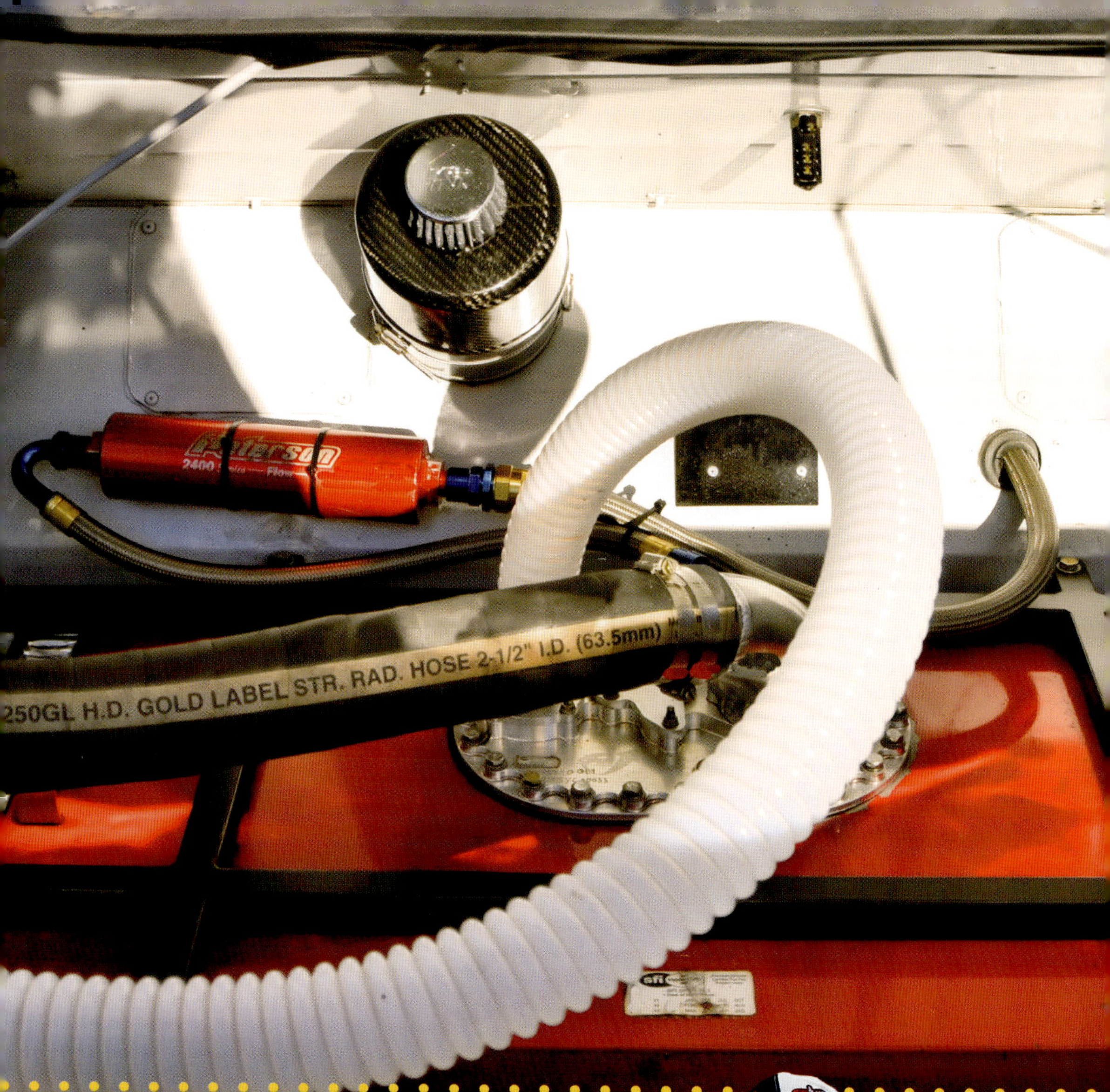
250GL H.D. GOLD LABEL STR. RAD. HOSE 2-1/2" I.D. (63.5mm)

NASCAR
RACE CAR
PENNZOIL
Shell

Seguridad del motor

El motor está alejado del conductor. La celda de gasolina está hecha de acero y es más segura que los tanques de gasolina normales. La capa interior es de plástico resistente. La espuma rellena el centro. Absorbe el impacto en caso de **choque**. La espuma evita que el gasolina se prenda fuego. Esto impide que el automóvil explote.

Los stock cars no tienen puertas. Los conductores suben por la ventana.

Un deporte apasionante

Las carreras de la NASCAR son un deporte apasionante. Cada carrera pone de manifiesto la habilidad de los conductores y la diversión de los fanáticos. Los automóviles Next Gen están preparando el terreno para un modelo **híbrido**. Los autos híbridos utilizan tanto motores de gasolina como eléctricos. Son el futuro de las carreras de los stock cars.

Los conductores de la NASCAR no necesitan una licencia estatal para correr.

a medida: hecho para adaptarse a las necesidades de una persona o deporte en particular.

aerodinámico: que tiene propiedades que hacen que un objeto se mueva más fácilmente a través del aire.

cabina: el lugar donde se sienta el conductor para controlar el vehículo.

choque: un golpe o impacto repentino o violento.

fibra de carbono: un material resistente que tiene hilos finos, o fibras, hechos principalmente de átomos de carbono.

híbrido: algo que se forma al combinar dos o más cosas.

reducir la marcha: cambiar a una marcha inferior en la caja de cambios.

stock: un automóvil utilizado para las carreras que tiene la misma estructura básica que un automóvil convencional pero con piezas de mejor rendimiento en su interior.

ÍNDICE